DIE AUTHENTISCHE
KÜCHE

SIZILIEN

REZEPTE
FÜR GENIESSER

SIME BOOKS

minonzio
minonzio
Coca-Cola

INHALTSANGABE

Schwierigkeitsgrad der Rezeprte:

Leicht

Durchschnitt

Hoch

O.P.
APAL

DAS LAND DER GESCHMÄCKER

Eine Küche, die nach Meer, Erde und Bergen schmeckt. Die unverwechselbare Mischung rührt von der Jahrtausende alten Geschichte, in der die verschiedensten Kulturen sich vermischt haben. So treffen hier in Sizilien europäische Kochtraditionen auf arabische. Alles basiert auf Produkten von aussergewöhnlicher Qualität, die jedem Gericht, sei es einfach oder aufwändig, von der Strasse oder raffiniert, edel oder bäuerlich seinen besonderen Charakter verleihen.

Die Früchte der Erde...
Zweifelsohne ist Sizilien vom Klima her und der vielen unterschiedlichen Landschaften wegen begünstigt, und so zählt die sizilianische Landwirtschaft viele Produkte von hoher Qualität, die nicht selten mit Zertifikaten wie DOP, IGP und Slow Food ausgezeichnet werden. Wenn die süße **Blutorange** – sei es nun eine Tarocco, Sanguinello oder Moro – zu einer Art Symbol des außergewöhnlichen regionalen Reichtums geworden ist, so produziert Sizilien auch **Zitronen**, **Mandarinen**, **Auberginen**, **Tomaten** (die Strauchtomaten oder Kirschtomaten sind davon zweifelsohne die beliebtesten Sorten), **Kaktusfeigen** und **Tafeltrauben** (die italienischen Sorten). In Sizilien wachsen auch Mandeln (die Pizzuta-Mandel ist die Basis vieler Süßspeisen), **Pistazien** (die Bronte-Pistazien werden in die ganze Welt

exportiert), **Kapern** (die berühmtesten sind aus Pantelleria, aber auch auf den Äolen wachsen sie) und eine unendliche Vielzahl an wilden Kräutern. Das sizilianische **Olivenöl** wird in sechs DOP untergeordnet: Monti Iblei, Monte Etna, Val Mazara, Valdemone, Valle del Belice und Valli Trapanesi.

.... und des Meeres

Die Tradition der *Mattanza*, der **Thunfischjagd**, wird seit Jahrtausenden in Sizilien praktiziert. Auch wenn der Fischbestand inzwischen stark dezimiert ist, kann sich die Tradition noch halten und dabei wird erstklassiger Thunfisch gefangen. *Feluca* heisst dagegen der **Schwertfischfang**, der Fisch ist in der Meerenge von Messina viel anzutreffen. Doch das Meer rund um Sizilien ist auch reich an **Krustentieren**, **Meeresfrüchten**, **Sardinen** und **Kabeljau**.

Käse und Fleisch

Auch wenn Ricotta, besonders für Desserts (Cannoli und Cassata), berühmt ist, sind die übrigen Käsesorten auch nicht zu verachten. Sizilianischer **Pecorino**, hergestellt aus Schafsmilch, hat eine sehr feste Konsistenz und einen starken Geschmack, der sich für viele Zubereitungen und auch als Würze für Pastagerichte eignet. Man nennt ihn *tuma*, wenn er noch frisch und nicht gesalzen ist, *primosale* wenn eingesalzen ist und canestrato nach der Reifung. Der ragusanische Caciocavallo wird ausschließlich aus Milch der Modicana-Kuhrasse, die in der Provinz von Modica gezüchtet wird, hergestellt. Er hat die Form eines Quaders, ist halbhart und hat einen milden Geschmack, wenn er jung ist, wenn er gereift ist, schmeckt er dagegen sehr würzig. **Provola von Nebrodi**, von Madonie, der **Vastedda del Belice** (der einzige gezogene Käse aus Ziegenmilch) und der Maiorchino, ein Pecorino der in einigen Provinzen rund um Messina hergestellt wird, werden alle von Slow Food gefördert. Mit Maiorchino-Käserädern werden auf der Hauptstrasse von Novara Wettrennen veranstaltet. Die seltene Modicana-Kuh, die wild lebt, liefert neben der Milch für den Cacciocavallokäse auch hervorragend schmeckendes Fleisch.

Honig und Schokolade

Honig von bemerkenswerter Qualität wird auf der ganzen Insel erzeugt, darunter sind diverse Sorten wie Zitrusfruchthonig, Thymianhonig, Johannisbrothonig...
Und zuguterletzt sei noch die **Modica-Schokolade** erwähnt, die nach einer traditionellen Methode hergestellt wird, es in vielen Variationen gibt und ein Erlebnis der Sinne ist.

ANTIPASTI UND STRASSENESSEN

"FISCH VOM LAND"

Zutaten für 4 Personen
- 2 Fenchelknollen
- 1 Zwiebel
- 12 Salbeiblätter
- Maisöl
- Salz
- Pfeffer

Für den Teig:
- 1 Ei
- 350 g
- Hartweizenmehl
- 150 g eiskaltes Mineralwasser mit Kohlensäure

Aus Mehl, Ei und dem Wasser einen Teig herstellen und eine Stunde in den Kühlschrank stellen.

Die Zwiebel und Fenchel in 1 cm dicke Scheiben schneiden.

Die Salbeiblätter und das Gemüse nach und nach in den Teig tauchen und in kochend heißem Öl frittieren.

Nach Geschmack salzen und pfeffern.

Almerita 2006 - Contea di Sclafani DOC Spumante, Cantina Tasca d'Almerita, Sclafani Bagni (Palermo)

ARANCINI
REISBÄLLCHEN MIT FLEISCHFÜLLUNG

Zutaten für 4 Personen
Für die Fleischfüllung:
- 700 g Kalbsfleisch (ein ganzes Stück aus dem auch)
- 250 g Tomatenkonzentrat
- 2 Zwiebeln
- 1 Stange Sellerie
- 2 Karotten
- 150 Erbsen
- 3 Lorbeerblätter
- 3 Nelken
- eine Zimtstange
- eine Prise Muskatnuss
- Orangenschale, im Ofen getrocknet
- Rotwein
- Olivenöl
- Salz
- Pfeffer

Zubereitung der Fleischfüllung (am Vortag):
Bei kleinster Flamme fein gehackte Zwiebeln, Karotten und Sellerie in Olivenöl glasig dünsten.

Das Fleisch hinzufügen, von allen Seiten anbraten und mit Wein ablöschen.

Das Tomatenmark in etwas warmen Wasser auflösen, zum Fleisch hinzugeben, warmes Wasser dazugeben, bis das Fleisch bis zu Dreiviertel bedeckt ist.

Lorbeerblätter, Orangenschale im Ganzen und die übrigen Gewürze zugeben.

Zum Köcheln bringen, und mindestens 3 Stunden garen. Wenn notwendig, etwas Wein nachgießen.

Nach etwa Dreiviertel der Kochzeit die Erbsen hinzufügen und mit Salz und Pfeffer abschmecken.

Wenn das Fleisch gekocht ist, aus dem Sugo nehmen und in kleine Würfel schneiden oder hacken.

Zimt, Nelken, Orangenschale und Lorbeerblätter aus dem Sugo entfernen. Abkühlen lassen, Fett von der Oberfläche

Für die Reisbällchen:
- 500 g Risottoreis vom Typ Carnaroli oder Vialone Nano
- 150 g frischer Pecorino in Würfel geschnitten
- 50 g geriebener Pecorino
- 50 g Semmelbrösel
- 3 g Safranfäden
- Mehl vom Typ 00
- eiskaltes Wasser
- Olivenöl (oder Schweineschmalz)

abschöpfen. Fleisch wieder hinzugeben und gut mischen.

Zubereitung der Reisbällchen:
Reis in Salzwasser bissfest kochen.

Den Reis abtropfen, geriebenen Pecorino und in etwas warmen Wasser aufgelösten Safran hinzugeben.

Aus Mehl und Wasser einen Teig rühren.

In die linke Hand eine Handvoll Reis geben und mit einem Löffel etwas flach drücken, in die Mitte einen Teelöffel Fleisch und ein wenig Pecorinowürfel geben. Mit der gleichen Menge Reis bedecken und so die Füllung ganz bedecken, es dürfen keine Risse oder Löcher entstehen. Einen Kegel oder eine Kugel formen, erst in den Teig tauchen, dann in Semmelbröseln wenden.

In einer Kasserolle Öl oder Schmalz erhitzen, darin die Reisbällchen frittieren, bis die Semmelbrösel goldbraun ist.

Sobald sie fertig sind, bei 210 °C ca. 10 Minuten lang backen und heiß servieren.

Arturo di Lanzeria 2006 - Sicilia IGT Rosso
Azienda agricola Guccione, San Cipirello (Palermo)

CONZATU-BROT

Zutaten für 4 Personen
- 12 Scheiben leicht altbackenes italienisches Bauernbrot
- 8 Tomaten
- 2 Salatgurken
- 2 Knoblauchzehen
- einige Basilikumblätter
- Oregano
- Olivenöl
- Salz und Pfeffer

Die Brotscheiben mit Wasser befeuchten.

Die Tomaten und Gurken in Scheiben schneiden.

Knoblauchzehen in Olivenöl legen und ca. eine Stunde marinieren lassen.

Brotscheiben mit Tomatenscheiben und Gurkenscheiben belegen, mit Basilikum, Oregano, Salz und Pfeffer würzen und mit dem Knoblauch-Öl reichlich beträufeln.

Eine zweite Schicht aus Tomaten und Gurken darauflegen und mit Basilikum, Oregano und Knoblauchöl bedecken.

23

Antipasti und Strassenessen

Zutaten für 4 Personen
- 375 ml Wasser
- 125 g Kirchererbsenmehl
- 50 g gehackte Petersilie
- Öl zum Frittieren
- Salz
- Pfeffer

KICHERERBSENFLADEN

In einem Kochtopf Kichererbsenmehl in Wasser verrühren, auf eine Kochplatte bei mittlerer Hitze stellen und mit einem Holzlöffel ununterbrochen rühren.

Immer schneller rühren, bis die Masse fest ist, Petersilie hinzugeben und kurz bevor es zu kochen beginnt, vom Feuer nehmen.

Die Masse gleich auf eine Marmorplatte kippen und mit dem Kochlöffel schnell verstreichen, bis die Masse etwa 7 cm dick ist.

Abkühlen lassen, und mit einem scharfen Messer in Quadrate schneiden.

Die Quadrate in heissem Öl goldbraun frittieren.

Aus dem Öl nehmen, sorgfältig abtropfen und auf Küchenpapier legen, mit Salz und Pfeffer abschmecken.

24

Antipasti und Strassenessen

KARTOFFELKROKETTEN

Zutaten für 4 Personen
- 1 kg mehlige Kartoffeln
- 200 g geriebener Pecorino
- 1 Handvoll gehackte Petersilie
- Muskatnuss (nach Belieben)
- Mehl Typ 00
- Sonnenblumen- oder Maisöl
- Salz
- Pfeffer

Die Kartoffeln in Salzwasser kochen, abgiessen, schälen und durch die Kartoffelpresse drücken.

Salz, Pfeffer, geriebenen Pecorino, etwas fein gehackte Petersilie und nach Belieben Muskatnuss beigeben.

Abkühlen lassen, gut vermischen und Kroketten formen.

Die Kroketten kurz vor dem Frittieren in Mehl wenden.

Die Kroketten in einer tiefen Kasserolle in Maisoder Sonnenblumenöl frittieren, das Öl sollte nicht zu heiß sein.

Mit einem Schöpflöffel aus dem Öl nehmen, auf Küchenpapier legen, etwas salzen und sehr heiß servieren

Ramì 2009 - Sicilia IGT Bianco
Azienda agricola Cos, Vittoria (Ragusa)

26

Antipasti und Strassenessen

AUBERGINEN SÜSS-SAUER

Zutaten für 4 Personen
- 2 Auberginen
- 2 Selleriestangen
- 3 Karotten
- 1 Zwiebel
- 150 g Tomatensauce
- 10 entkernte weisse Oliven
- 2 EL Kapern
- 100 g geröstete Mandeln
- 100 g Rosinen
- 2 EL Honig
- 1 Bund Basilikum
- Olivenöl
- Rotweinessig
- Salz
- Pfeffer

Die Auberginen in Würfel schneiden, und in einer beschichteten Pfanne mit ganz wenig Öl anbraten.

Sellerie, Karotten würfeln, Zwiebel fein hacken.

Die Zwiebel in Öl dünsten, Sellerie und Karotten hinzugeben.

Sobald das Gemüse glasig gedünstet ist, Tomatensauce und Basilikum hinzugeben und ca. 10 Minuten köcheln lassen.

Die Auberginen, Salz, Pfeffer, Kapern, Oliven, Rosinen, geröstete Mandeln, Honig und Essig hinzugeben. Den Essig verdunsten und karamelisieren lassen.

Kalt oder lauwarm servieren.

Etna Rosso 2008 - Etna DOC Rosso
Cantine Graci, Castiglione di Sicilia (Catania)

Auberginenröllchen

Zutaten für 4 Personen
- 4 Auberginen
- 700 g gehacktes Kalbfleisch
- 2 kg Tomaten, geschält und entkernt
- 2 Zwiebeln
- 3 Eier
- 100 g geriebener Parmesan
- Brotinneres
- Milch
- Weißwein
- Basilikum
- Olivenöl
- feines und grobkörniges Salz (für die Salzlake)
- Pfeffer

Die Auberginen in dünne Scheiben schneiden und 30 Minuten in kaltes gesalzenes Wasser legen.

Aus dem Wasser nehmen, ausdrücken, und in heißem Öl frittieren. Überschüssiges Öl aufsaugen und salzen.

Das Brotinnere in Milch aufweichen, ausdrücken und mit dem Hackfleisch, Eiern, Parmesan vermischen, mit Salz und Pfeffer abschmecken.

Gut vermischen und kleine Bällchen formen. Jeweils ein Hackfleischbällchen auf eine Auberginenscheibe legen und aufrollen.

In einer tiefen Kasserolle gehackte Zwiebel anbraten, Tomaten zugeben. 10 Minuten köcheln lassen, Basilikum hinzugeben und die Auberginenröllchen hineinlegen.

Mit reichlich Weißwein bedecken, salzen, pfeffern und 30 Minuten gar kochen.

Ottoventi Bianco 2009 - Sicilia IGT Bianco
Cantina Ottoventi, Trapani

ÄOLISCHER SALAT

Zutaten für 4 Personen
- 800 g Tomaten
- grüne Oliven
- Kapern
- 1 rote Zwiebel Tropea (eine milde Zwiebelsorte)
- gesalzene Sardellen (nach Belieben)
- Oregano
- einige Basilikumblätter
- Olivenöl
- Rotweinessig
- Salz
- Pfeffer

Die Tomaten in Scheiben schneiden, Oliven, Kapern, in Scheiben geschnittene Zwiebeln, Oregano, Basilikum, Salz, Pfeffer und nach Belieben einige Sardellen dazugeben.

Mit Olivenöl und einem Schuss Essig anmachen.

Bianco Pomice 2008 - Sicilia IGT Bianco
Cantina Tenuta di Castellaro, Lipari (Messina)

DER ERSTE GANG

PASTA MIT ERBSEN UND SARDELLEN

Zutaten für 4 Personen
- 500 g Pasta (eine Form nach Belieben)
- 500 g frische Sardellen
- 400 g Erbsen
- 4 Frühlingszwiebeln
- 1 TL Tomatenkonzentrat
- Petersilie
- Semmelbrösel (nach Belieben)
- Olivenöl

Die Sardellen sorgfältig säubern und entgräten.

In Öl die gehackten Frühlinszwiebeln dünsten, Erbsen, das in einem halben Glas Wasser aufgelöste Tomatenkonzentrat hinzufügen, zudecken.

Wenn die Erbsen so gut wie gekocht sind, die Sardellen hinzugeben, zerfallen lassen und dann die gehackte Petersilie hinzugeben.

Die Pasta in die Pfanne mit der Sauce geben, mischen, eventuell etwas Olivenöl hinzugeben.

Nach Belieben geröstete Semmelbrösel darüberstreuen, servieren.

Zibibbo 2009 - Sicilia IGT Bianco
Cantine Barraco, Marsala (Trapani)

SPAGHETTI MIT PESTO AUF TRAPANI ART

Zutaten für 4 Personen
- 400 g Spaghetti
- 200 g Basilikum
- 4 Knoblauchzehen
- 150 g rohe, geschälte Mandeln
- 100 g Fruchtfleisch von Datteltomaten
- Olivenöl
- 1 TL Salz

Knoblauch, Olivenöl, Mandeln im Mixer pürieren, bis Sie ein cremige Masse erhalten.

Basilikum, Tomaten und Olivenöl dazugeben, bis die Sauce sämig ist.

Die Sauce ruhen lassen und in der Zwischenzeit die Pasta kochen.

Il Coro 2008 - Sicilia IGT Bianco
Cantina Fondo Antico, Trapani

PASTA MIT TINTENFISCHTINTE

Zutaten für 4 Personen
- 400 g Vermicelli oder Bucatini
- 1 kg frischer Tintenfisch mit Tintenbeutel
- 100 g Tomatenkonzentrat
- 2 Gläser trockener Weißwein
- 4 Frühlingszwiebeln
- geriebener Pecorino
- Oregano
- Petersilie
- 1 Prise gemahlenener Chili
- Olivenöl
- Salz

Die gefüllten Tintenfischbeutel vorsichtig entfernen und in ein Glas Öl legen.

Den Tintenfischkörper putzen und waschen, und in kleine Stücke schneiden.

Die Frühlingszwiebeln hacken und in Öl dünsten, die Tintenfisch dazugeben, und sobald sie anfangen zu brutzeln, mit Weißwein ablöschen, in dem das Tomatenkonzentrat aufgelöst wurde.

Die Hitze reduzieren, Oregano und Chili beigeben und garen.

3 Minuten vor Ende der Kochzeit, die Tintenfischtinte dazugeben, dabei die Blase mit einer Gabel durchstechen. Einige Minuten aufkochen lassen.

Währendessen die Pasta in Salwasser kochen. Abgießen, die Pasta dabei ewas nass lassen, die Spaghetti zur Sauce geben, mit geriebenen Pecorino bestreuen und rasch schwenken.

Mit gehackter Petersilie garnieren.

Suber 2007 - Sicilia IGT Rosso
Azienda agricola Daino, Caltagirone (Catania)

PASTA ALLA NORMA

Zutaten für 4 Personen
- 400 g Spaghetti oder Vermicelli
- 1 kg Tomaten
- 1 Aubergine
- Basilikum
- 2 Knoblauchzehen
- geriebene Ricotta salata
- Olivenöl
- feines und grobkörniges Salz

Die Tomaten in Viertel schneiden, in einen Alumiumtopf geben und mit den Händen zerdrücken. Die Hitze hochschalten und ca. 30 Minuten kochen.

Durch eine Passiermaschine geben und wieder auf die Herdplatte stellen, dann Olivenöl und reichlich Basilikum beigeben.

Kochen, bis die Menge bei hoher Hitze um ca. ein Drittel eingekocht ist. Abschalten und Olivenöl dazugeben.

Die Auberginen in dünne Scheiben schneiden, in kaltes Salzwasser tauchen. Mit einem Gewicht beschweren und ca. eine Stunde ruhen lassen, dann abgießen und ausdrücken. In heissem Öl frittieren und auf Küchenpapier legen.

Die Pasta in Salzwasser sehr al dente kochen. Abgießen und mit der Tomatensauce und den Auberginen mischen.

Mit reichlich geriebener Ricotta salata bestreuen.

Etna Rosso 2008 - Etna DOC Rosso
Cantine Barone di Villagrande, Milo (Catania)

COUSCOUS AUF TRAPANI ART

Zutaten für 4 Personen
- 1 Oktopus
- 6 Meerbarben
- 2 Zahnbrassen
- 2 Goldbrassen
- 2 Drachenköpfe
- 500 g Muscheln (Miesmuscheln und Venusmuscheln)
- 4 Calamari
- 500 g reife Tomaten
- 1 EL Tomatenkonzentrat
- 1 Zwiebel
- 1 Karotte
- 2 Knoblauchzehen
- 1 Bund Sellerie
- 2 kleine Chilischoten
- 1 Bund Petersilie
- 1 Bund Basilikum
- 1/2 Glas Weißwein
- Olivenöl
- Salz

Für das Couscous:
- 1 kg vorgekochtes Couscous
- 1 Knoblauchzehe
- 2 EL gehackte Petersilie
- Olivenöl
- Salz

In einer Kasserole gehacketen Knoblauch und Zwiebel 5 Minuten dünsten.

Das Gemüse, Petersilie, Basilikum, in Stücke geschnittene Tomaten, Chili, das in Weißwein aufgelöste Tomatenkonzentrat hinzugeben, mit Salz abschmecken und ca. 20 Minuten garen.

Den geputzten Fisch, und die Muscheln hineingeben, zum Kochen bringen und ca. 15 Minuten garen.

In einer anderen Pfanne Petersilie und Knoblauch in Öl dünsten und Couscous dazugeben, dabei gut rühren.

Mit 1 Liter warmen Salzwasser bedecken. Zugedeckt lassen, bis das Wasser ganz aufgesogen ist.

Den Couscous mit der Fischsuppe servieren.

Lolik 2007 - Sicilia Bianco IGT
Cantine Guccione, San Cipirello (Palermo)

44

Der erste Gang

Zutaten für 4 Personen

- 280 g Risottoreis, vom Typ Carnaroli oder Vialone Nano
- 500 g Fisch für den Fond (Drachenkopf, Schnapper, Wasserhuhn, Himmelsgucker)
- 120 g Seeigel, das Innere (die roten Teile der weiblichen Seeigel)
- 1,5 l Wasser
- 0,75 l Wein
- 2 Schalotten
- 1 Knoblauchzehe
- Petersilie
- 1 grosser Thymianzweig
- 2 Lorbeerblätter
- Zitronenschale (nach Belieben)
- Olivenöl
- Salz

RISOTTO MIT SEEIGELN

In einer tiefen Kasserole Wasser, Wein, die ganzen Schalotten, Thymian, Lorbeerblätter und den gut gesäuberten Fisch geben. Bei niedriger Hitze zum Kochen bringen und ca. 30 Minuten köcheln lassen. Abdrehen und den Fischfond filtern.

In einem anderen Topf Öl mit Knoblauch erhitzen, Knoblauch sobald er goldbraun wird, entfernen.

Den Reis dazugeben und bei kleiner Hitze andünsten. Sobald er glasig wird, mit etwas Fischfond ablöschen, ständig rühren und Fischfond nach und nach dazugeben. Mit Salz anschmecken.

Nach ca. 20 Minuten vom Feuer nehmen, Seeigel (man verwendet das Innere, die rotorangenen Teile des weiblichen Seeigels) und Olivenöl unterrühren. Einige Esslöffel für

die Garnierung der Teller aufbewahren.

In der Mitte der Teller jeweils eine Portion Risotto platzieren, darauf einige Seeigelstücke platzieren und mit gehackter Petersilie und nach Belieben geriebener Zitronenschale garnieren.

Grillo 2009 - Sicilia IGT Bianco
Cantine Barraco, Marsala (Trapani)

ANELLETTI PASTAAUFLAUF

Zutaten für 4 Personen
- 450 g Pasta in Anelletti-Form
- 200 g mageres Schweinefleisch
- 200 g mageres Rindfleisch
- 1 Scheibe Schweineschwarte, in kleine Scheiben geschnitten
- 100 g Erbsen
- 1 EL Tomatenkonzentrat
- ½ Glas Rotwein
- ½ Zwiebel
- 2 Knoblauchzehen
- 1 Lorbeerblatt
- 2 Liter Tomatensauce
- 6 Basilikumblätter
- Butter
- 200 g Caciocavallo, gehobelt
- Olivenöl
- Salz

Zwiebel in Öl andünsten, dann Knoblauch zugeben. Nach einigen Minuten das Fleisch und die Schwarte dazugeben, gut rühren und 5 Minuten garen.

Das in Wein aufgelöste Tomatenkonzentrat hinzugeben und verdunsten lassen.
Die Tomatensauce, das Lorbeerblatt und Salz hinzugeben und eine Stunde bei niedriger Hitze köcheln lassen. Kurz vor dem Ende frisches Basilikum und die Erbsen dazugeben und noch 5 Minuten weiterköcheln lassen.

Das Fleisch in kleine Stücke schneiden.

Die Pasta in reichlich Salzwasser kochen, abgießen und mit dem Sugo mischen.

Eine Form buttern, und eine Schicht Pasta mit Sugo hineinfüllen, mit dem gehobelten Käse bestreuen, eine weitere Schicht Pasta darübergeben, und mit Käse bedecken.

Im Ofen 20 Minuten bei 180°C Grad backen.

Terra delle Sirene - Sicilia IGT Rosso
Azienda agricola Zenner, Catania

AUBERGINEN PARMIGIANA

Zutaten für 4 Personen
- 8 Auberginen
- 1 kg reife Tomaten
- 2 Zwiebeln
- 100 g Pecorino oder Caciocavallo
- ein Bund Basilikum
- Olivenöl
- grobkörniges Salz

Aus gehackter Zwiebel, Tomaten und Basilikum eine Tomatensauce zubereiten.

Die Aubergine der Länge nach in Scheiben schneiden, nicht schälen, und einige Stunden in Salzwasser legen, dann sorgfältig abtropfen und ausdrücken und trocknen.

Die Auberginen in reichlich Öl von allen Seiten anbraten.

Den Boden einer Backofenform mit einigen Esslöffeln Tomatensauce bedecken.

Die Form abwechselnd mit einer Schicht Aubergine, einer Schicht Sauce, geriebenem Käse und Basilikum füllen.

Die letzte Schicht mit Tomatensauce und Käse bedecken und im heissen Ofen 40 Minuten backen, bis sich eine goldene Kruste bildet.

Faro 2007 - Faro DOC Azienda agricola Bonavita, Faro Superiore (Messina)

BUCATINI MIT SARDINEN IM MEER

Zutaten für 4 Personen
- 400 g Bucatini
- 700 g Fenchel
- 10 in Salz eingelegte Sardellen
- 1 Zwiebel
- 100 g Pinienkerne
- 100 g Rosinen
- Olivenöl
- Salz

Fenchel in Salzwasser dünsten, abgießen und in Stücke schneiden. Das Kochwasser aufbewahren.

In einer Pfanne die gehackte Zwiebel, Pinienkerne anbraten, Rosinen und Sardellen hinzugeben und 5 Minuten weiterdünsten, bis die Sardellen zerfallen.

Fenchel hinzugeben und weitere 5 Minuten garen.

Die Bucatini im Kochwasser des Fenchels kochen, abseihen und mit der Sauce servieren.

Catarratto 2008 - Sicilia IGT Bianco
Cantine Barraco, Marsala (Trapani)

HAUPTSPEISEN

KANNINCHEN SÜSS-SAUER

Zutaten für 4 Personen
- 1 Kanninchen in Stücken
- 1 Stange Sellerie
- 1 Zwiebel
- 2 Auberginen
- 20 entsteinte grüne Oliven
- 1 Tasse Tomatensauce
- Granatapfelkerne
- 15 geröstete Mandeln, fein gehackt
- 3 EL Honig
- Rotweinessig
- Olivenöl

Bei mäßiger Hitze die Kanninchenteile in einer Pfanne in Öl anbraten, bis sie goldbraun sind.

Honig in einem Glas Essig auflösen, dabei mit einem Löffel schnell rühren.

Honig über das Fleisch gießen, Fleisch wenden und dann Herdplatte abschalten.

Die Auberginen in Würfel schneiden und in einer Pfanne in Öl anbraten.

Zwiebel, Sellerie, Oliven und Kapern 10 Minuten in einer anderen Pfanne andünsten, dann mit den gebratenen Auberginen und Tomatensauce mischen, und weitere 10 Minuten kochen lassen.

Kanninchen und die Kochflüssigkeit in die Sauce geben, und 10 Minuten in der Pfanne durchziehen lassen.

Auf den Tellern anrichten und abkühlen lassen, mit Granatapfelkernen und den gemahlenen Mandeln bestreuen.

Grillo parlante 2009 - Sicilia IGT Bianco
Cantina Fondo Antico, Trapani

KALBSROLLBRATEN NACH ART VON CATANIA

Zutaten für 4 Personen
- 1 Scheibe Kalbsfleisch (für einen Rollbraten geeignet) von 400 g
- 100 g Bauchspeck in dünnen Scheiben geschnitten
- 250 g Hackfleisch
- 5 Eier
- 1 Zwiebel
- das Innere von 1 Brot, frisch
- Milch
- 70 g Parmesan
- 2 Lorbeerblätter
- 1 Rosmarinzweig
- Muskatnuss
- Mehl
- 2 Schöpflöffel Fleisch- oder Gemüsebrühe
- 1/2 Glas Weißwein
- Olivenöl
- Salz
- Pfeffer

Das Fleisch ausbreiten und sorgfältig klopfen, bis es gleichmässig dick ist, mit Bauchspeckscheiben komplett bedecken.

In einer Schüssel Hackfleisch mit einem Ei, dem in Milch eingeweichten Brot, Parmesan, Salz, Pfeffer und Muskatnuss mischen.

Das Hackfleisch auf dem Bauchspeck verteilen.

Die übrigen 4 Eier hart kochen. Abkühlen lassen und pellen. Alle auf das Hackfleisch legen.

Das Fleisch vorsichtig über die Eier rollen, bis ein perfekter Rollbraten entsteht, dabei auch darauf achten, dass die Enden gut geschlossen sind (wenn nötig zunähen), um zu vermeiden, dass die Eier raus rutschen, und gut zu binden.

Den Rollbraten in Mehl wenden und in einer Pfanne mit Öl anbraten. Ruhen lassen, Öl mit Küchenpapier abtupfen.

Die Zwiebel hacken und in einer Kasserole mit hohem Rand in Öl anbraten.

Den Rollbraten hinzugeben, Hitze aufdrehen und mit Wein ablöschen und verdunsten lassen, dann die Brühe, Lorbeerblätter und Rosmarin zugeben.

Die Kasserolle mit Alufolie abschließen und zudecken. Auf niedrigster Stufe 30 Minuten kochen lassen.

Wenn das Fleisch gekocht ist, abkühlen lassen und in dicke Scheiben schneiden.

Faro 2007 - Faro DOC
Azienda agricola Bonavita, Faro Superiore (Messina)

GEFÜLLTE SARDINEN NACH ART VON CATANIA

Zutaten für 4 Personen
- 800 g Sardinen
- 100 g frisches Brotinneres
- 100 g würzigen Pecorino, gerieben
- Petersilie
- Mehl Typ 00
- Sonnenblumen- oder Maisöl
- Rotweinessig

Die Sardinen entgräten und ca. 20 Minuten in Essig marinieren, dann abtrocknen und ausbreiten.

In einer Schüssel das Brotinnere in Essig aufweichen, ausdrücken und mit Pecorino und Petersilie mischen.

Ein wenig von der Füllung auf das Fischfleisch verteilen, darauf eine andere Sardinen legen, um eine Art Sandwich zu erhalten, gut zusammendrücken.

Mit Mehl bestäuben und in Öl frittieren.

Vecchio Samperi Ventennale - Vino liquoroso
Cantine Marco De Bartoli, Marsala (Trapani)

THUNFISCHSTEAK MIT ZWIEBEL SÜSS-SAUER

Zutaten für 4 Personen
- 800 g Thunfisch (in einer Scheibe)
- 350 g Zwiebel
- einige Blätter frische Minze
- Olivenöl
- 100 g Rotweinessig
- 100 g feiner Zucker
- Salz

Für die Marinade:
- 10 Wacholderbeeren
- 5 Kardamonkapseln
- 1 grosse Prise Kreuzkümmel
- 1 grosse Prise Fenchelsamen
- 200 g Rohrzucker
- 100 g Salz

Am Vortag die Marinade zubereiten. Die Gewürze mit dem Rohrzucker und dem Salz vermischen und das Thunfischsteak damit ganz bedecken, in eine Backform legen, mit Frischhaltefolie bedecken und 24 Stunden im Kühlschrank durchziehen lassen. Wenn der Thunfisch fertig mariniert ist, den Fisch säubern, unter fließendem Wasser waschen und gut abtrocknen.

Etwas nachschneiden, dabei die dunklen und unregelmässigen Stellen wegschneiden, in große Würfel schneiden und in einer beschichteten Pfanne kurz anbraten, so dass das Fleisch innen noch roh bleibt.

Die Zwiebel in gleichmässige Scheiben schneiden, und 5 Minuten dämpfen, dann in kaltes Wasser geben, abseihen und abtrocknen.

Die Zwiebeln mit Öl und Salz in eine Pfanne geben, Herdplatte aufdrehen und gut anbraten. Essig, feinen Zucker und Minze zugeben und karamelisieren.

Auf die Teller in die Mitte etwas Zwiebel in süss-saurer Sauce anrichten. Einige Thunfischscheiben darauflegen und etwas Sauce darübergeben.

San Lorenzo 2007 - Etna DOC Rosso
Cantina Girolamo Russo, Randazzo (Catania)

SCHWERTFISCH IN LECKERER SAUCE

Zutaten für 4 Personen
- 300 g Schwertfisch in Scheiben
- 200 g Kartoffeln
- 200 g geschälte Tomaten
- 1/2 Zwiebel
- entsteinte grüne Oliven
- 1 EL Kapern in Salz, abgespült
- Basilikum
- Chilischote
- Olivenöl
- Salz
- Pfeffer

Gehackte Zwiebel in ausreichend Öl anbraten, Oliven, Kapern, Tomaten, Chilischote, Salz und Pfeffer dazugeben.

20 Minuten kochen lassen.

Den Schwertfisch dazugeben und weitere 5 Minuten kochen lassen.

Währenddessen die Kartoffeln kochen, schälen und in Scheiben schneiden, zum Fisch geben und mit gehackten Basilikum bestreuen.

KABELJAU NACH ART VON PALERMO

Zutaten für 4 Personen
- 1 kg Kabeljau von mittlerer Größe
- 8 Sardellen, in Salz eingelegt
- 150 g Semmelbrösel
- 100 g Petersilie, gehackt
- 1 EL Rosmarin
- Olivenöl
- Zitronensaft
- Salz
- Pfeffer

Den Kabeljau waschen und ausnehmen.

In einer Pfanne Sardellen in Öl anbraten, bis sie zerfallen.

Die so erhaltene Sauce auf dem Kabeljau verteilen, dann mit Semmelbrösel, gehackter Petersilie, Rosmarin, Salz und Pfeffer bestreuen.

Den Kabeljau in eine mit Öl bestrichene Auflaufform geben.

Für 20-30 Minuten bei 180° C im Backofen garen.

Vor dem Servieren mit Zitronensaft beträufeln.

Maquè Rosé - Sicilia IGT Rosato
Azienda agricola Porta del Vento, Camporeale (Palermo)

DESSERTS

MANDELGEBÄCK

Zutaten
- 1kg geschälte Mandeln
- 1 kg Zucker
- 240 g Eiweiß
- Vanillearoma (2-3 Tropfen)
- Bittermandelaroma (3-4 Tropfen)

Die Mandeln mit dem Zucker hacken, so fein es geht.

Vanille- und Bittermandelaroma zugeben (nicht mehr als die angegebenen Mengen, da die Masse sonst bitter wird) sowie das Eiweiß und schlagen, bis die Masse homogen ist.

Etwas Masse in einen Spritzbeutel geben und Makronen auf das Backpapier spritzen.

Mit leichtem Druck auf die Mitte jeder Mandelmakrone eine kandierte Kirsche oder Mandel geben.

Über Nacht ruhen lassen.

Am nächsten Morgen den Backofen auf 180° C vorheizen und 8 Minuten darin backen, bis sie goldbraun sind. Aus dem Ofen nehmen und gut abkühlen lassen, um zu verhindern, dass sie auf dem Backblech kleben bleiben.

Malvasia delle Lipari - Malvasia delle Lipari DOC
Azienda Agricola Caravaglio, Malfa (Messina)

SIZILIANISCHE CANNOLI

Zutaten
- Für die Cannoli:
- 800 g Hartweizenmehl
- 4 Eigelb
- 2 Eiweiß
- 150 g Schweinefett
- 75 g Zucker
- ½ Glas Weißwein
- Vanillearoma
- Öl zum Frittieren

Für die Füllung:
- 1 kg Ziegenricotta
- 350 g Zucker
- 100 g Kandisfrüchte
- 100 g Bitterschokolade, gehobelt
- 1 EL Zimt
- Puderzucker

Mehl, Eigelb, Eiweiß, Schweinefett, Zucker, Weißwein und Vanillearoma zu einem Teig verrühren.

Dünn ausrollen und mit einem Glas oder einer Ausstechform von 10 cm Durchmesser Räder ausstechen.

Die Teigräder um einen dicken Stock oder spezielle Metallcannoliformen rollen.

Die Cannoli in heißem Öl frittieren, bis sie goldbraun sind.

In einer Schüssel, Ricotta mit Zucker vermischen, Kandisfrüchte und Schokolade dazugeben.

Die Cannoli füllen und mit Zimt und Puderzucker bestäuben.

Passito di Pantelleria 2005
Passito di Pantelleria DOC
Cantine Ferrandes, Pantelleria (Trapani)

ZIMTGELEE

Zutaten für 4 Personen
- 0,6 l Wasser
- 3/4 Zimtstange
- 130 g Zucker
- 50 g Weizen- oder Maisstärke
- gehackte Pistazien, oder gehackte Haselnüsse oder Schokoladenspäne für die Garnierung

Am Vortag die grob gehackte Zimtstange in einen Topf mit 3 dl Wasser geben, erhitzen und zum Kochen bringen. Etwa 10 Minuten kochen lassen. Abdrehen und bis zum Tag darauf ziehen lassen.

Am nächsten Tag den Aufguss filtern, und Wasser zugeben, bis es 0,6 l sind.

Den Zucker und Maisstärke in das kalte Wasser geben, mit einem Schneebesen rühren.

Bei niedriger Hitze erwärmen, dabei ununterbrochen mit einem Holzkochlöffel rühren, zum Kochen bringen, abdrehen.

Sofort in mit kaltem Wasser befeuchtete Formen geben, abkühlen lassen und in den Kühlschrank stellen.

Mit gehackten Pistazien, gehackten Haselnüssen oder Schokoladenspänen garnieren und servieren.

Sultana 2009 - Sicilia IGT Moscato
Cantina Feudo Maccari, Noto (Ragusa)

JASMINPUDDING

Zutaten für 4 Personen
- 20 Jasminblüten
- 500 ml Vollmilch
- 50 g weiße Schokolade
- 50 g Maisstärke
- 100 g Zucker

Die Milch in eine Kasserole giessen und die Jasminblüten dazugeben.

Kurz aufkochen und abschalten, ganz abkühlen lassen.

Filtern und die Blüten vorsichtig mit den Fingerspitzen ausdrücken, um das Aroma zu gewinnen.

Maisstärke mit Zucker mischen, vorsichtig in die Milch rühren, um zu verhindern, dass sich Klumpen bilden.

Die geriebene weiße Schokolade dazugeben. Auf die heiße Herdplatte stellen und ununterbrochen rühren, bis die Masse andickt.

Sobald die Masse aufkocht, für 1 Minute kräftig durchrühren und abschalten.

Die Masse in Formen giessen, abkühlen lassen und für 2 Stunden in den Kühlschrank stellen.

Moscato di Pantelleria 2009
Moscato di Pantelleria DOC
Cantina Solidea, Pantelleria (Trapani)

ZITRONENSORBET

Zutaten für 4 Personen
- $^1/_2$ l Zitronensaft
- 250 cl Wasser
- 1 Eiweiß
- 200 g feiner Zucker
- 50 g Puderzucker

Wasser und Zucker in einen Topf geben, für einige Minuten zum Kochen bringen, bis sich der Zucker ganz aufgelöst hat, dann abkühlen lassen.

Das Eiweiß mit Puderzucker in einem Wasserbad steif schlagen.

Den Zitronensaft mit dem Sirup mischen, den Eiweißschnee vorsichtig unterheben.

Für ca. 4 Stunden ins Tiefkühlfach geben, dabei gelegentlich mischen.

RICOTTACASSATA

Zutaten
- Sandkuchen
- 1 kg Ziegenricotta
- 370 g Zucker
- 50 g Maraschino
- 100 g Bitterschokolade, in Stücken
- Aprikosenmarmelade
- 80 g kandidierte Früchte, gewürfelt ganze kandidierte Früchte zum Garnieren

Für die Glasur:
- 300 g Puderzucker
- 2 EL Milch
- Saft einer ½ Zitrone

Den Boden und Rand einer Springform mit Backpapier auskleiden.

Mit Aprikosenmarmelade bestreichen und Boden und Rand mit dünnen Scheiben des Sandkuchens auskleiden.

Ricotta mit Zucker, Maraschino, kandierten Früchten und Schokolade mischen.

Die Tortenform mit der Ricotta füllen, bis alles gleichmässig ist und mit einer Scheibe Sandkuchen bedecken.

2 Stunden ruhen lassen.

Unter Zuhilfenahme eines großen Tellers die Tortenform auf den Kopf stellen, um die Cassata zu stürzen. Das Backpapier entfernen.

Die Glasur zubereiten, dabei alle Zutaten in einer kleinen Schüssel verrühren.

Die ganze Oberfläche des Kuchens mit der Zuckerglasur bedecken, mit den ganzen Kandisfrüchten dekorieren und für 2 Stunden in den Kühlschrank stellen.

Passito di Pantelleria 2005
Passito di Pantelleria DOC
Cantine Ferrandes, Pantelleria (Trapani)

MARTORANAFRÜCHTE

Zutaten
- 800 g rohe Mandeln
- 530 g Zucker
- 100 g Mehl vom Typ 00

Bei kleiner Flamme Zucker in einem Glas Wasser auflösen, dabei ständig rühren.

Die Mandeln fein hacken, bis sie gemahlen sind.

Sobald der Zucker Fäden zieht, die gemahlenen Mandeln und dann das Mehl dazugeben.

Bei kleiner Flamme rühren, bis die Masse andickt und sich praktisch vom Topfboden löst.

Die Masse abkühlen lassen, mit den Fingern kneten und in die gewünschte Form kneten.

Lorbeer *(Laurus nobilis)*
Noch in der Antike wurde der Lorbeer in Sizilien eingeführt, er ist asiatischen Ursprungs. Ein mehrjähriger Busch mit Blättern reich an ätherischen Ölen, der sich sowohl an Sonne und Schatten anpasst, aber keinem starken Wind widersteht. Die Blätter werden in Saucen, Fleisch- und Fischgerichten verwendet, die Samen für einen Likör von unverkennbaren Geschmack.

Kapern *(Capperis spinosa)*
Der Kapernbusch ist von einer Widerstandsfähigkeit, der ihn auch in den widrigsten Bedingungen wachsen lässt. Im Winter verliert er seine Blätter, um dann im Mai zu blühen. Die Blüten sind orchideenähnlich, duften stark und haben lebhafte Farben, sie öffnen sich morgens und schliessen sich abends und halten so nur einige Stunden. Die noch geschlossene Blüte ist der Teil, der verwendet wird. In Salz oder Essig eingelegt, sind sie ideal für Salate oder auch zur Zubereitung von Fisch und Fleisch.

Zitronenverbene *(Lippia citriodora)*
Eine Staudenpflanze, die keinen tiefen Temperaturen widersteht, pralle Sonne bevorzugt, im Hochsommer blüht und im Winter die Blätter verliert. Die hellgrünen

Blätter verströmen einen Zitrusfruchtduft, der gut zu Fisch passt. Hervorragend geeignet für Kräutertees oder Liquör, sie wird aber auch in Fruchtsalaten oder Eis verwendet.

Meerfenchel *(Crithmum maritimum)*
Der Meerfenchel ist eine Sukkulente mit Blättern, die Wasser speichern und die von Juni bis September blühen. Er gedeiht auch in trockenen Klimata sehr gut und wächst das ganze Jahr über in der Nähe vom Meer. Die Blätter können frisch in Salaten verwendet werden oder in Essig oder Öl konserviert werden. Passt gut zu Fisch.

Wilder Fenchel *(Föniculum vulgare)*
Fenchel blüht im Sommer. Von dieser Pflanze verwendet man praktisch alles, die Blüten, den Stengel und die Blätter. Passt gut zu Fisch und mildem Käse. In der palermitanischen Küche wird er für die Pasta mit Sardinien in rauhen Mengen verwendet.

Jasmin *(Jasminum officinale)*
Jasmin stammt ursprünglisch aus Asien und ist in Sizilien weit verbreitet. Der Duft der Blüten begleitet einen auf Küstenspaziergängen und entlang der Landstrassen. Die Blüten werden bei der Zubereitung von Nachspeisen, Marmeladen und Liquör verwendet.

Majoran *(Origanum majorana)*
Majoran stammt von der gleichen Pflanzengattung ab wie Oregano, ist aber vom Geschmack her sehr viel feiner. Er ist sehr widerstandsfähig und blüht im Frühling und Sommer. Er eignet sich besonders für Fleisch- und Fischgerichte. In der Küche von Ragusa wird er auch für die Ricottafüllung von Ravioli verwendet.

Grüne Minze *(Menta spicata)*
Minze gilt als Symbol der Tugend, da sie sogar nachwächst, wenn sie „schlecht" behandelt wird, sie gedeiht sehr gut, beinah schon unkrautartig. Wächst nicht gut bei praller Sonne. Sie wird für Getränke verwendet, aber auch für die Zubereitung von Fleisch, Auberginen und Oliven.

Bergminze *(Calamintha nepeta)*
Die Bergminze widersteht gut hohen Temperaturen und braucht nicht viel Wasser. Sie wird zum Würzen von Fleisch, Fisch und Pilzen verwendet. In der Gegend von Siracus werden die Blätter zusammen mit Gewürzen der Foccaccia beigegeben, bei Ragusa dagegen werden Kaktusfeigen in Minzwasser gekocht.

Oregano *(Origanum heracleaoticum)*
Oregano ist für die sizilianische Küche unverzichtbar, es ist eine winterharte Pflanze, die sich Temperaturschwankungen anpasst.

Der weißblütige Oregano hat das stärkste Aroma und ist typisch für die Hybläischen Berge. Er blüht im Juni an ausladenden, herb duftenden blühenden Stängeln. Nach der Ernte wird er im Dunkeln getrocknet, dann in eine hermetisch verschliessbare Dose gebröselt.

Rosmarin *(Rosmarinus officinalis)*
Diese anspruchslose Pflanze mit einem durchdringenden Duft widersteht dank seiner kleinen Nadeln, die Wasserverlust verhindern, hohen Temperaturen. Sie wird in Fleisch- und Fischgerichten weithin verwendet.

Salbei *(Salvia officinalis)*
Salbei ist seit der Antike in Ägypten bekannt und wächst gut in einem milden Klima. Dank seines sehr intensiven Geschmacks kann es andere Aromen aufheben. Es ist ein unverzichtbares Gewürz für Fleisch und Fisch.

Thymian *(Thymus capitatus)*
Eine anspruchslose und widerstandsfähige Pflanze, die weiter unten genaus wie im Gebirge gut wächst. Sie hat einen berauschenden Duft, der die Luft auf Spaziergängen entlang der ragusanischen Küste erfüllt und blüht im Juni. Hervorragend geeignet für Fleisch, aber auch für einen edlen und seltenen Honig, dem Satra Honig.

GLOSSAR

Arancino (Arancina)
Reisbällchen, die mit Fleisch und Erbsen gefüllt und dann frittiert werden. Sie können rund oder kegelförmig sein. In einigen Teilen der Insel nennt man sie „Arancina".

Beccafico
Ein Vogel aus der Familie der Grasmückenartigen, der besonders gerne Feigen isst. Das Gericht „Sardinen a Beccafico" heisst so, weil die gefüllten Sardinen an den Vogel, der sich mit Feigen vollstopft, erinnern.

Biancomangiare
Halbfeste Nachspeise auf Basis von Milch.

Caciocavallo
Halbfester Käse, der ausschließlich aus Kuhmilch gewonnen wird. Der Caciocavallo aus Ragusa DOP hat die Form eines Quaders.

Caponata
Ein Gericht aus verschiedenem angebraten Gemüse, vor allem Auberginen in einer Sauce aus Tomaten, Zwiebeln, Sellerie, Kapern und Oliven, süss-sauer angerichtet. Sie wird als Vorspeise oder auch als Beilage serviert. Es gibt zahlreiche Varianten, je nachdem welche Zutaten verwendet werden.

Cazzilli
Umgangssprachlich für Kroketten (aus Kartoffeln oder anderen Zutaten).

Couscous
Hartweisengriess, das gedämpft wird, und mit gekochtem Gemüse, geschmortem Fisch oder Fischsuppe angerichtet wird. Es ist ein nordafrikanisches Gericht, das in Sizilien sehr verbreitet ist.

Cunzatu
Wörtlich, gewürzt. z. B. Pani cunzatu – gewürztes Brot.

Farsumagru (Farsomagro)
Ein berühmtes traditionelles Fleischgericht aus Sizilien, es scheint, dass der Name sich aus dem Französischem „farcie de maigre" ableitet, das so hiess, wenn es ohne Fleischfüllung war. Es handelt sich um einen Rollbraten, der je nach Gegend anders gefüllt wird.

Frutta di Martorana
Mandelgebäck in der Form von Obst, Gemüse oder anderem. Der Name stammt von der Adligen Eloisa Martorana, der Gründerin des gleichnamigen Klosters im 12. Jahrhundert in Palermo. Die Nonnen dort waren ausgezeichnete Konditorinnen.

Gelo
Ein Dessert, das eine gelatineähnliche Konsistenz hat.

Mafalde
Ein weiches Brötchen mit Sesamkörnern.

Maiorchino
Ein Hartkäse, der aus Ziegenvollmilch gewonnen wird und in einigen Gegenden rund um Messina hergestellt wird. Er hat einen feinen Geschmack, der nach mindestens 8 Monaten etwas würziger wird. Die Käselaiber wiegen etwa 10 - 12 kg.

Nnocca
Flocken. „Pasta ca' nnocca" (mit Sardinen und Erbsen) erinnert an das Aussehen der Pasta und des Gerichts selbst.

Panelle
Fladen aus Kichererbsenmehl, die auf der ganzen Insel verbreitet sind. Sie werden normalerweise in einer Mafalda (→) gegessen.

Pecorino
Hartkäse, der ausschliesslich aus Ziegenmilch gewonnen wird und eine zylindrische Form hat. Man nennt ihn: tuma, wenn er gleich nach der Produktion gegessen wird, primosale, wenn er schon gesalzen ist und innerhalb von 10 Tagen konsumiert wird, secondo sale, wenn er zwischen 45 und 90 Tagen nach der Salzung gegessen wird, stagionato, wenn er 46 Monate gereift ist.

Primosale
→ Pecorino

Ricotta
Ein Frischkäse, der aus Kuh-, Schafs-, Ziegenmilch oder auch einem Gemisch gewonnen wird und einen milden Geschmack hat.

Sorbetto
Ein kaltes Dessert von samtener Konsistenz, auf Basis von Wasser und Zucker, dem Fruchtfleisch oder Saft hinzugefügt wird.

Stimpirata
Der umgangsprachliche Begriff für süss-sauer, z.B. Coniglio alla stimpirata.

Tarrocco
Die bekannteste Sorte der sizilianischen Blutorangen.

Tuma
→ Pecorino

Vastedda
Ein milder Ziegenkäse aus gezogenem Teig, typisch für das Valle del Belice, der sehr frisch verzehrt wird.

REGISTER DER REZEPTE

Die Fotos des Umschlags und der Gerichte stammen von **Antonino Bartuccio** und **Alessandro Saffo**, mit Ausnahme von:

Matteo Carassale p. 6 (1), p. 10, p. 13, p. 43, p. 47, p. 66, p. 77
Laurent Grandadam p. 2-3, p. 7 (1), p. 8, p. 12
Massimo Ripani p. 6 (1)
Stefano Scatà p. 79
Giovanni Simeone p. 20-21
Stefano Torrione p. 69 (4)

Die Fotos sind auf der Website **www.simephoto.com** verfügbar

Lektorat
William Dello Russo
Übersetzung
Beatrice Beckmann
Design und Layout
Jenny Biffis
Farbprofile und Qualitätskontrolle
Fabio Mascanzoni

ISBN 978-88-95218-52-6

Printed in Europe by Factor Druk, Kharkiv

Sime srl
Tel. +39 0438 402581
www.sime-books.com